Atrapados en el Romanticismo

Atrapados en el Romanticismo

María Dolores Milán Soriano

Círculo Rojo
EDITORIAL

Primera edición: enero 2023

Depósito legal: AL 3646-2023

ISBN: 978-84-1199-991-5

Impresión y encuadernación: Editorial Círculo Rojo

© Del texto: María Dolores Milán Soriano
© Maquetación y diseño: Equipo de Editorial Círculo Rojo
© Ilustraciones: Ana Tejedor

Editorial Círculo Rojo
www.editorialcirculorojo.com
info@editorialcirculorojo.com

Impreso en España — Printed in Spain

A mi familia y a mis amigos,
los pilares fundamentales de mi vida.

Antes de leer...

¿Qué es la audición musical activa?

Entre escuchar y oír música existe una gran diferencia. La audición activa parte de la idea de que la recepción de la audición no se produce de una manera teórica, sino a través de la **actividad**. Es por esto por lo que, en cuanto a la **didáctica**, las actividades de audición deben ser actividades lúdicas donde el alumnado participe activamente.

Esto quiere decir que no nos podemos limitar a poner una obra musical, sino que debemos realizar alguna tarea mientras escuchamos para descubrir los elementos musicales de una forma placentera y entretenida y no desde un planteamiento puramente teórico o analítico. Llamaremos a este planteamiento **audición musical activa**.

Este cuento contiene 3 capítulos donde podremos encontrar QR que, al escanearlos, lleven a la audición a trabajar y, al final del cuento, encontraremos una serie de **actividades** a realizar mientras se escucha la obra musical.

¿Qué es el Romanticismo musical?

En este **cuento didáctico** se trabajará el periodo musical del **Romanticismo**. El Romanticismo surgió en la primera parte del siglo XX y se convirtió en inspiración para todas las ramas artísticas de la época. Los compositores y músicos buscaban refugio en el pasado, las emociones intensas, los sueños y lo irracional, interesándose por nuevos parámetros y formas musicales que relucieron con todo su esplendor en la época. Además, conoceremos personajes prerrománticos como Ludwig van Beethoven, así como a Clara Schumann y a Piotr Ilich Tchaikovsky, puros compositores del periodo.

¡Hola! Me llamo Maria Anna Mozart, pero si quieres me puedes llamar Nannerl. Soy la hermana mayor de Amadeus y, aunque mis obras no son tan conocidas como las de él, ME ENCANTA componer, cantar y tocar el violín.

Yo soy Wolfgang Amadeus Mozart. Tanto mi hermana como yo pertenecemos al período musical del CLASICISMO. Pero vaya, esta vez nos hemos metido en un buen lío. ¿Preparad@ para la aventura?

Atrapados en el Romanticismo

Esta historia comienza en una noche de invierno en Salzburgo. Las calles cubiertas de nieve y el olor de las chimeneas inundaban la pequeña ciudad de Austria, completamente vacía. Sin embargo, el sonido de un instrumento podía escucharse desde una de las casas al final de una calle.

Nannerl y Amadeus Mozart tocaban música juntos. Su padre les había enseñado a tocar el violín, la viola y el clavecín desde bien pequeños y planeaba hacer una gira con ellos por Europa. Esa noche, Amadeus y ella estrenaban el nuevo clavecín y estaban más que ilusionados.

—¡Amadeus! Mira qué obra he compuesto —dijo Nannerl.

—Nannerl, suena fenomenal, pero es hora de ir a la cama.

—¡Un poco más, papá! —dijo Amadeus.

Nannerl y Amadeus admiraban el clavecín nuevo como si nunca hubieran visto uno. Estaban tan contentos y nerviosos que no paraban de tocar nuevas piezas.

—Nannerl, prueba a repetir esto.

—Sabes que puedo hacerlo mejor que tú, Amadeus.

—¡No, eso no es verdad!

Los hermanos empezaron a discutir cuando de pronto una de las teclas del clavecín saltó por los aires.

—¿Pero qué has hecho, Amadeus? ¡Es nuevo! Papá se enfadará muchísimo.

—¡No ha sido culpa mía! ¡Tú me has empujado!

—Mira, Amadeus, hay algo debajo del teclado, ¿qué es este papel?

—Parece una partitura secreta.

Nannerl cogió la partitura y empezó a tocar. Amadeus vio como las manos de su hermana comenzaban a desvanecerse y poco a poco todo su cuerpo.

—¡Nannerl! ¡Tus manos! ¡Para de tocar!

—¿Qué está pasando? ¿Qué es esto?

Una preciosa melodía comenzó a sonar y los dos hermanos desaparecieron por completo.

Elige cómo quieres que continúe la historia:

A)   En busca de la partitura perdida
B)   Una pianista luchadora
C)   El cascanueces y la celesta mágica

¿Te gustaría escuchar la
primera obra de Wolfgang
a sus 5 años?

A) En busca de la partitura perdida

Nannerl y Amadeus cayeron de golpe en lo que parecía ser la habitación de una casa.

—¿Qué ha pasado? ¿Dónde estamos?

De pronto, escucharon la voz de un hombre gruñón. Parecía frustrado. Decidieron esconderse y, por el hueco de la puerta, descubrieron a un hombre de unos 50 años y pelo gris que estaba de muy mal humor. El hombre, apoyado en el piano, refunfuñaba:

—¡Ah! No sé qué hacer ya con esta sinfonía. No me gusta. Le falta esencia, le falta

Los dos hermanos, preocupados, salieron de la habitación y se dirigieron hacia él. El caballero no parecía sorprendido de verlos.

—¡Os estaba esperando! ¿Dónde estabais?

—¿A nosotros? —dijo Nannerl.

—¿QUÉ? DISCULPA SI CHILLO, ESTOY SORDO Y NO ESCUCHO. Sí, por supuesto, a vosotros. He decidido llamaros a través del clavecín mágico.

—¿Pero quién es usted? ¿Dónde estamos? —preguntaron los niños.

—¡POR LAS PELUCAS DE VIVALDI! ¿PERO QUÉ TONTERÍA ES ESA? ¡ESPERO NO HABER ESCUCHADO! ¡Yo soy Ludwig van Beethoven! Y vosotros debéis ser los hijos de Leopold Mozart.

—¿Cómo lo sabe?

—No hay tiempo que perder, niños. Debéis ayudarme. En tres días estreno mi 9.ª sinfonía y siento que le falta algo. Algo que la haga brillar.

Los niños se quedaron perplejos. El señor Beethoven les explicó que, para volver a casa, deberían cumplir la misión: hacer que su novena sinfonía fuera recordada para siempre.

Al día siguiente, los dos niños pudieron presenciar el ensayo en directo.

—¿Y bien, niños? ¿Qué os ha parecido?

—Pues... yo creo que le falta...

—Yo pondría un coro, señor Beethoven.

—¿QUÉ HAS DICHO? NO TE HE ESCUCHADOOO.

—Un coro.

—¿UN CORO? ¿EN UNA SINFONÍA? ¡IMPOSIBLE! NADIE ANTES LO HA HECHO NUNCA. Vayámonos a casa, se está haciendo tarde.

Los niños pasaron la noche en casa de Beethoven cuando, de pronto, se levantaron sobresaltados por un chillido:

—¿DÓNDE ESTÁ? ¿DÓNDE ESTÁ LA PARTITURA?

—¿Qué pasa, señor Beethoven?

—La partitura de mi 9.ª sinfonía ha desaparecido. Tengo que buscar a Karl.

—¿Quién es Karl?

—Mi sobrino; tal vez las haya cogido por error.

—¡Tenemos que encontrarle!

Nannerl y Beethoven buscaron a Karl por toda la ciudad de Viena. Ya solo faltaban unas horas para el estreno de la gran obra. De pronto, encontraron a un hombre joven cerca de un lago.

—¡Allí están! ¡Él las tiene!

Los niños se acercaron al muchacho.

—¿Las queréis? —preguntó Karl enseñando las partituras—. Si las queréis, tendréis que adivinar mi acertijo.

—¿Qué acertijo? —exclamó Amadeus.

—¿Cuál es el instrumento musical, completamente personal, que podemos escuchar, pero no ver ni tocar?

—Mm... Completamente personal... —dijo Nannerl.

—¡Eso es! ¡La voz, Nannerl! Es nuestro propio instrumento.

—Está bien, la habéis adivinado. Tomad, aquí tenéis las partituras.

Al día siguiente, en el estreno, todo el teatro estaba abarrotado. Músicos de todas partes de Viena acudieron a presenciar la obra de Ludwig van Beethoven. Nannerl y Amadeus permanecieron en las butacas como dos espectadores más. La música comenzó a sonar y los murmullos de la gente también:

—Otra sinfonía más de este hombre.

—Siempre hace lo mismo.

De pronto, intervino el primer cantante y seguidamente el coro. Todo el teatro quedó perplejo. Nannerl y Amadeus quedaron atónitos con la obra. Beethoven, desde el escenario, que no escuchaba nada, decidió girarse y se encontró con una multitud de gente aplaudiendo de pie.

Lo había conseguido. La 9.ª sinfonía había sido un éxito.

De pronto, las manos de Nannerl y Amadeus volvieron a desvanecerse.

—¡Volvemos a casa, Nannerl!

—¡Por fin! ¡No puedo creerlo!

Y las dos butacas quedaron vacías.

 Escucha la 9.ª sinfonía de Beethoven. ¿Puedes escuchar el coro? Realiza la **ficha N.º 1**

B) Una pianista luchadora

Los hermanos se desplomaron en el suelo. Los dos miraron a su alrededor. Se encontraban en una ciudad grande; la gente hablaba alemán e incluso vestían diferentes. Se encontraban exactamente en la Alemania del siglo XIX.

—¿Pero qué hacemos aquí?

De pronto, escucharon un piano tocar. Los niños llegaron a una finca desde donde una ventana se escuchaba un piano. Subieron las escaleras y llamaron a la puerta, pero el sonido del piano cesó y escucharon atentamente una conversación:

—Clara, últimamente estás componiendo mucha música, no te olvides de que tenemos 8 hijos y debes prestarles atención.

—¿Podrías hacerte cargo tú mientras termino esta composición? —dijo ella.

De pronto, la puerta se abrió y el hombre salió de casa. Clara vio a los niños sentados:

—¿Quiénes sois vosotros?

—Me llamo Nannerl.

—Y yo Amadeus.

—Pasad dentro, seguro que mis hijos estarán encantados de jugar con vosotros.

Los niños entraron en su casa. Era una casa grande, con un gran piano de cola en el salón. Había partituras por todas partes, como si se tratara de una familia de músicos.

—¿Eras tú quien tocaba el piano? ¡Ha sido totalmente increíble!

—Gracias. Sí, era yo.

—¡Debes de ser la mejor pianista de esta ciudad!

—¡Oh, no! Mi pasión es el piano y componer, pero ser artista y mujer en esta época no está bien visto. Es por esto por lo que os he llamado.

Clara les estuvo explicando que su mayor sueño era ser profesora de piano en Alemania, pero que su condición de ser mujer le impedía seguir avanzando.

—Veréis, existen unas pruebas para ser profesora en el conservatorio, pero no creo que tenga ninguna posibilidad cuando me vean aparecer.

—¿Por qué no te disfrazas? —dijo Amadeus.

—Justo eso me ha dicho mi amigo Johannes Brahms.

Los niños y Clara se dispusieron a crear un gran disfraz para Clara. Cogieron ropa de su marido, una peluca, un gorro y...

—¡Lista! ¡Así estarás estupenda!

—¡Pareces todo un hombre!

Al día siguiente, el gran teatro de Alemania realizaba las pruebas para escoger a los mejores profesores de piano del conservatorio. El jurado llamaba uno por uno a los aspirantes. Era el turno de Clara, completamente disfrazada de hombre. Y la música comenzó a sonar:

—¿Quién es? Nunca había oído hablar de él.

—¡Nunca he escuchado nada parecido desde que desde que escuché a Chopin!

Justo cuando Clara estaba a punto de terminar de tocar, su sombrero se deslizó y este y la peluca cayeron al suelo:

—¿Pero qué significa esto?

—¿Una mujer? ¿Compositora?

El jurado suspendió la prueba de acceso y expulsó inmediatamente a Clara.

Nannerl y Amadeus, que escucharon lo sucedido, intervinieron en el jurado:

—Pero... ¡si ha sido la que mejor ha tocado!

—¡Hagan las pruebas detrás de una cortina!

—¿Pero qué dices, niña? ¿Tú quién eres? ¿Otra pianista?

—Bueno, yo toco el clavecín, en realidad.

El emperador de Alemania, que había presenciado el acto de las pruebas y lo que había sucedido, dijo:

—Estoy de acuerdo con lo que dice la niña. Mañana, todos los aspirantes, sean hombres o mujeres, tocarán detrás de la cortina. Así nadie tendrá ningún prejuicio. Sin embargo, tendrán que adivinar este acertijo: en una larga abertura, tengo yo mi dentadura y luego que empiezo a hablar, todas mis piezas se mueven sin parar.

Amadeus, Nannerl y Clara quedaron atónitos. Cuando volvieron a casa, los tres pasaron toda la noche pensando el acertijo y Clara ensayando para su prueba.

—¡Lo tengo, Amadeus! ¡El piano! ¡Esa es la respuesta! ¿Cómo no se me había ocurrido antes? —dijo Nannerl.

Al día siguiente, los pianistas pasaban uno por uno detrás de la cortina. Hasta que llegó el turno de Clara.

—¡Maravilloso! ¡Espectacular! No tengo palabras

—Totalmente decidido. Que se abra el telón. Ya tenemos nuevo profesor de piano.

El telón se abrió y

—¡Usted otra vez! ¿Cómo ha podido componer esta pieza? Y... ¿cuál es la respuesta del acertijo?

—El piano.

—Una obra fantástica, se-
ñora Schumann.

—Gracias, pero no podría
haberlo conseguido sin mis
dos amigos, Nannerl y...

Clara se giró para señalar a
sus amigos, pero ellos ya no
estaban allí.

Escucha la obra compuesta por Clara Schumann y realiza la **ficha N.º 2**

C) *El cascanueces* y la celesta mágica

¡Puff! Nannerl y Amadeus cayeron de pronto en el suelo.

—¿Pero qué es esto? ¿Dónde estamos?

De pronto, una sombra se dirigió hacia ellos.

—No seréis vosotros los ayudantes a los que he llamado por el clavecín mágico, ¿verdad?

—Señor, nosotros somos Nannerl y Amadeus Mozart.

—¡AMADEUS MOZART! ¡NO PUEDE SER! Pero si solo eres un niño.

—Pues claro, señor, ¿qué esperaba?

—¿Dónde estamos?

—¿Cómo que dónde estáis? ¡Estáis en la gran Rusia imperial!

Los niños se miraron sin saber muy bien qué decir. No entendían nada de lo que estaba pasando a su alrededor.

—Veréis, el director del Teatro Imperial Ruso quiere que componga otro *ballet*. El último fue un total desastre y no sé por dónde empezar.

—¿Un *ballet*?

—Sí. Este será mi último *ballet*. El cascanueces.

—Y nosotros, ¿cómo podemos ayudarle?

—Necesito una celesta.

—¿Una qué?

—Una celesta.

Tchaikovsky les contó que la celesta era un instrumento musical parecido al piano, pero que, en realidad, era un instrumento de percusión que, al pulsar sus teclas, producía el sonido más dulce que jamás había escuchado.

—Solamente hay un problema. La celesta solo está en Francia. Tenéis que conseguirla.

—¿Nosotros? ¿A Francia? ¿Cómo?

Y en un abrir y cerrar de ojos, Nannerl y Amadeus desaparecieron de San Petersburgo.

París estaba reluciente, sus calles estaban iluminadas y un gran monumento conocido como la Torre Eiffel adornaba la ciudad haciéndola mágica. Nannerl y Amadeus llegaron a la ciudad desconcertados, no sabían por dónde empezar a buscar el instrumento.

Paseando por las calles, escucharon un sonido un tanto peculiar que jamás habían escuchado antes.

—¿Quién estará tocando? —preguntó Nannerl.

De pronto, un mendigo con una especie de instrumento se dirigió a ellos.

—¿Os gusta mi sonido? Lo que más me gusta de él es que es totalmente único.

—¿De qué se trata?

—Se llama celesta.

—¡El instrumento que estábamos buscando! ¿Cómo lo ha conseguido?

—Si lo vendiera, sería totalmente rico, puesto que hay muy pocos en este país.

—¿Cómo podemos conseguir uno?

—¿Conseguir uno? Es imposible. A no ser que a no ser que adivinéis mi acertijo.

—¿Qué acertijo?

—Soy una dama con diente que toca deprisa... para que la gente no pierda la misa.

—¿Una dama cómo? ¡Nannerl, no tengo ni idea!

—Una dama con diente... ¿Qué dama tiene un diente?

—Una dama...

—¡La campana! ¡Eso es! ¡Avisa a la gente de que vayan a la iglesia!

El hombre quedó perplejo ante la rapidez de Nannerl por resolver el enigma. Y como fue acordado, los niños consiguieron la celesta.

—¡Gracias, señor! ¡Se la devolveremos después del gran concierto! ¡Venga a verlo a Rusia!

El hombre, alegre, pues nadie antes había conseguido resolver la adivinanza, lanzó una gran sonrisa a los niños.

Nannerl y Amadeus regresaron a Rusia, donde Tchaikovsky los recibió con un gran abrazo.

—¡Gracias, pequeños! Creo que el estreno será estupendo.

El día del estreno, el público del Teatro Imperial Ruso deseaba ver *El cascanueces*. Tchaikovsky no se lo podía creer. Los niños, sentados en la butaca, disfrutaron como los que más con los bailarines y, sobre todo..., con la música.

Habían ayudado a un gran compositor, su misión había terminado. Sus manos, de pronto, comenzaron a desvanecerse.

¿Te gustaría
ver el *ballet* de
El Cascanueces?
Ahora puedes
realizar la
ficha N.º3

Final

—¡Nannerl! ¡Estamos en casa! —exclamó Amadeus.

—¿Pero dónde habéis estado? —exclamó su padre—. Llevo toda la noche buscándoos.

—¡Papá! ¡Hemos viajado en el tiempo!

—¡Pero qué imaginación tenéis! Mañana me contáis vuestras aventuras. Es hora de irse a la cama.

Nannerl y Amadeus decidieron irse a dormir recordando sus aventuras.

Actividades de audición musical

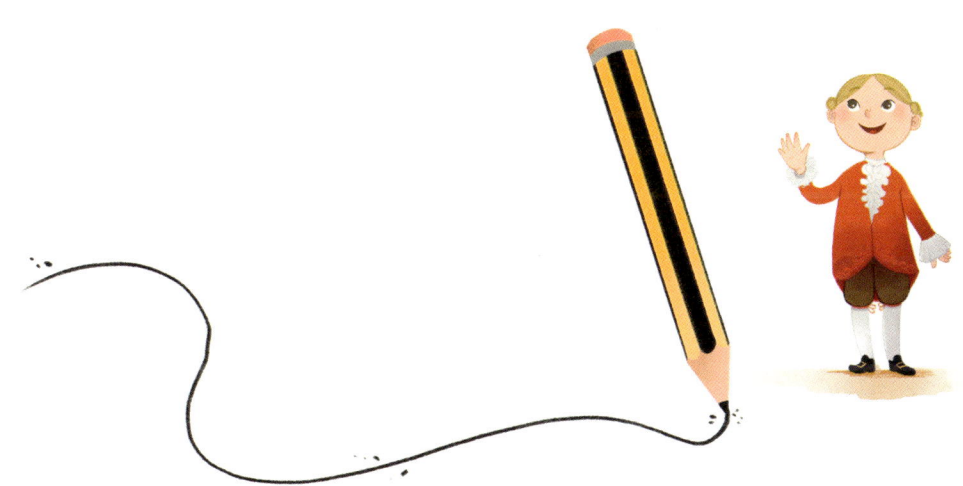

FICHA N.º 1

Sinfonía n.º 9, Oda a la alegría

1. Investiga sobre el compositor de la 9.ª sinfonía

2. ¿Qué tiene de especial la sinfonía n.º 9?

3. ¿Cómo es la agrupación vocal que aparece? Dibújala.

4. ¿Serías capaz de identificar algún instrumento en la audición?

FICHA N.º 2

Concierto para piano en La menor

1. Investiga sobre la compositora.

2. ¿Qué te transmite la música escuchada?

3. ¿Cuál es el instrumento solista? Dibújalo.

4. ¿Crees que es una obra rápida o lenta?

5. Busca información sobre otras compositoras relevantes del mundo de la música.

FICHA N.º 3

El cascanueces

1. Investiga sobre el compositor.

2. ¿Qué te transmite la música escuchada?

3. ¿Quién es el personaje principal de El cascanueces?

4. ¿Qué es una celesta? Dibújala.

Referencias bibliográficas

- **Aprender música con apasionados por el piano (21 de diciembre de 2017).** *W. A. MOZART - Minueto y Trío en Sol Mayor (K.1) - (compuesta a los 5 años de edad)* Archivo de vídeo. YouTube: https://www.youtube.com/watch?v=uQtptVm2KSs

- **El músico de Bonn por jcalvodiaz (22 de septiembre de 2014).** *Sinfonía n.º 9, en re menor, Op. 125 "Coral". Ludwig van Beethoven (Germ./ Engl./ Span. subtitles).* Archivo de vídeo. YouTube https://www.youtube.com/watch?v=thEJQF8a2-M&t=3113s

- **Keren Kagarlitsky (21 de enero de 2019).** *Clara Schumann Piano Concerto in A minor.* Archivo de vídeo. YouTube https://www.youtube.com/watch?v=f-cLtg5Ps8Rk&t=725s

- **Julius Goldberg (18 de mayo de 2019).** *Cascanueces, Ballet Nacional Ruso S. Radchenko.* Archivo de vídeo. YouTube https://www.youtube.com/watch?v=m2M-e4LUUIA